Heft 4

Lesen mit Rico Schnabel

Stefanie Drecktrah
Mareike Hahn

Vom Satz zum Text

Selbstständig Lesen, Grundwortschatz und Textverständnis trainieren

AF866446

Name:

Klasse:

Mildenberger

Kreuze an.

- [x] Das ist ein Dino.
- [ ] Das ist ein Ding.

- [ ] Die Dinos fegen.
- [ ] Die Dinos fliegen.

- [ ] Dinos legen Eimer.
- [ ] Dinos legen Eier.

- [ ] Der Dino hat Federn.
- [ ] Der Dino hat Felder.

- [ ] Der Dino frisst Gras.
- [ ] Der Dino frisst Gas.

- [ ] Dinos sind toll.
- [ ] Dinos singen toll.

Welches Wort passt nicht? Streiche durch.

Schwan	Uhu	~~Pfirsich~~	Rabe	Möwe
Bär	Wolf	Fuchs	Elch	Tisch
Qualle	Stein	Lachs	Seepferdchen	Hai
Löwe	Luchs	Luft	Jaguar	Tiger
Nudel	Nashorn	Giraffe	Elefant	Zebra
Ameise	Biene	Käfer	Raupe	Moos

Verbinde.

Das Känguru	ist braun.
Der Eisbär	ist bunt.
Der Papagei	ist weiß.

Das Walross	ist in der Luft.
Der Affe	ist am Boden.
Die Eule	ist im Wasser.

Der Pinguin	ist ein Wasservogel.
Der Emu	hat Hufe.
Das Zebra	ist ein Laufvogel.

Male.

Das Pferd ist braun.

Der Esel ist grau.

Es sind zwei Kühe.

Das Schwein ist rosa.

Das Huhn hat ein Ei.

Es sind zwei Ziegen.

Ordne die Bilder zu.

1 Bauer Axel füttert die Hühner.

2 Axel melkt die Ziege.

3 Der Bauer bringt Stroh zu den Kühen.

4 Bauer Axel streichelt das Schwein.

Ja oder nein? Kreuze an.

Jeder Mensch hat ein Haustier.	ja	☐	nein	☒
Katzen fressen nur Gras.	ja	☐	nein	☐
Hunde laufen oft an der Leine.	ja	☐	nein	☐
Meerschweinchen können fliegen.	ja	☐	nein	☐
Manche Fische leben im Aquarium.	ja	☐	nein	☐

Schreibe.

Hubert

ist mein ~~Hubert~~ Hamster.

Er gerne in läuft einem Rad.

am frisst liebsten Er Kräuter.

Kreuze an.

☐ Der Busch ist grün.

☐ Das Buch ist grün.

☐ Das ist eine Birne.

☐ Das ist eine Birke.

☐ Lisa pflückt Blumen.

☐ Lisa pflückt Blusen.

☐ Die Sonne weint.

☐ Die Sonne scheint.

☐ Die Wolle ist grau.

☐ Die Wolke ist grau.

☐ Das ist ein Kaktus.

☐ Das ist ein Kakadu.

Welches Wort passt nicht? Streiche durch.

Baum	Blume	Gras	Haus	Busch
Rose	Krokus	Stift	Sonnenblume	Tulpe
Wüste	Wald	Wiese	Berge	Hose
Tanne	Mond	Eiche	Buche	Birke
Sonne	Wolke	Hund	Regen	Wind
See	Bach	Fluss	Meer	Garten

Schreibe.

im spielen

Kinder Die

Garten.

Käfer. einen

Sie grünen

entdecken

eine Kinder

holen

Die Lupe.

Ordne die Bilder zu.

1 Mira füllt Erde
in einen Blumentopf.

2 Mira drückt die Samen
mit dem Finger in die Erde.

3 Mira gießt die Pflanze
jeden Tag.

4 Mira freut sich:
Die Sonnenblume blüht.

Ja oder nein? Kreuze an.

Blumen können blühen.	ja ☐	nein ☐
Fische leben auf der Wiese.	ja ☐	nein ☐
Auf der Wiese gibt es nur Bäume.	ja ☐	nein ☐
Das Gänseblümchen ist ein Tier.	ja ☐	nein ☐
Auf der Wiese wachsen viele Gräser.	ja ☐	nein ☐
Der Löwenzahn ist eine Blume.	ja ☐	nein ☐

Was ist es? Kreuze an.

Es kann fliegen und es hat bunte Flügel:

☐ 
☐ 
☒ 

Es kann kriechen und es hat sein Haus auf dem Rücken:

☐ 
☐ 
☐ 

Es kann krabbeln und es hat acht Beine:

☐ 
☐ 
☐ 

Welches Wort passt nicht? Streiche durch.

Die Eiche ist ein ~~Raum~~ Baum.

Ein Baum hat Wurzeln, Blätter und Ärzte Äste.

Im Wald wachsen verschiedene Bäume Träume.

Der Förster kümmert sich um den Wand Wald.

Im Wald leben viele wilde Stiere Tiere.

Der Wald ist wichtig für Tiere und Menschen Muscheln.

Male.

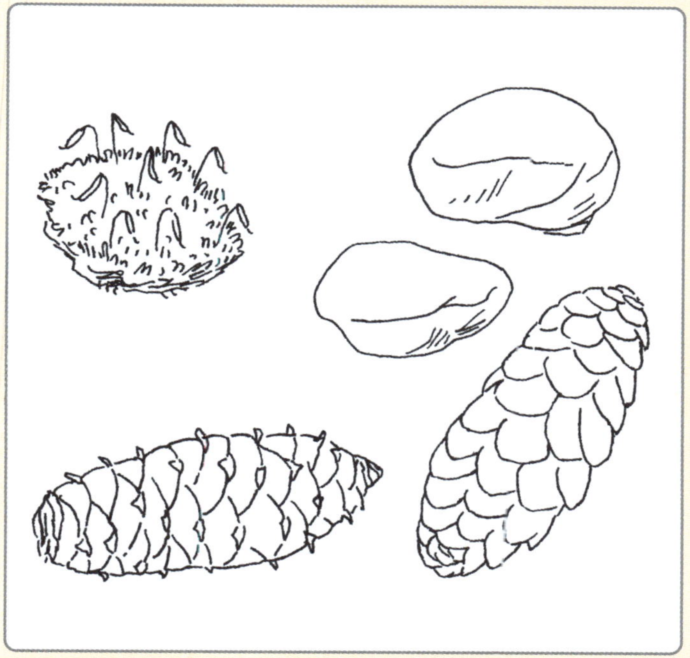

Die Tannenzapfen sind braun.
Die Steine sind grau.
Das Moos ist dunkelgrün.

Der Pilz in der Mitte ist rot.
Auf ihm sitzt eine Schnecke.
Die anderen Pilze sind gelb.

Welches Wort passt nicht? Streiche durch.

Kuchen	Apfel	Auto	Nudel	Gurke
Zwiebel	Limo	Wasser	Saft	Tee
Karotte	Käse	Salat	Blumenkohl	Bohne
Banane	Pfirsich	Birne	Kirsche	Wurst
Schüssel	Tasse	Seife	Teller	Glas
Milch	Sahne	Butter	Reis	Joghurt

Ja oder nein? Kreuze an.

Das Abendessen isst man morgens.	ja ☐	nein ☐
Zitronen schmecken sauer.	ja ☐	nein ☐
Kiwis und Orangen sind Früchte.	ja ☐	nein ☐
Schokolade ist eine Süßigkeit.	ja ☐	nein ☐
Äpfel und Pflaumen sind Gemüse.	ja ☐	nein ☐
Käse macht man aus Milch.	ja ☐	nein ☐

Suche und kreuze an. Male dann im Bild an.

- [x] In dem **Korb** liegen **Brötchen**.
- [ ] Die **Bananen** sind gelb.
- [ ] In der **Flasche** ist Apfelsaft.
- [ ] Die **Teller** und die **Tassen** sind blau.
- [ ] Auf einem **Brettchen** liegt **Käse**.
- [ ] Es gibt grüne **Trauben** und rote **Erdbeeren**.
- [ ] In der großen **Schüssel** ist **Müsli**.
- [ ] Neben dem Müsli steht ein **Glas mit Honig**.

Gesundes Frühstück
Müsli

Male alle Dinge von der Einkaufsliste in den Korb.
Schreibe noch etwas auf die Einkaufsliste.

Einkaufsliste

- [x] 1 Packung Mehl
- [ ] 2 Zitronen
- [ ] 4 Karotten
- [ ] 1 Liter Milch
- [ ] 2 Becher Joghurt
- [ ] 1 Schachtel Eier
- [ ] 3 Äpfel
- [ ] ______________________

Was ist es? Kreuze an.

Das Essen kommt aus Italien.

Du kannst es mit Tomatensoße essen.

Es sind lange, dünne Nudeln.

- [ ] Pizza 
- [ ] Pommes 
- [ ] Spaghetti 

Es schmeckt süß und lecker.

An Geburtstagen gibt es das oft.

Den Teig muss man im Ofen backen.

- [ ] Pudding 
- [ ] Kuchen 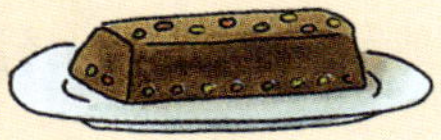
- [ ] Eis 

Welches Wort passt nicht? Streiche durch.

Hammer	Säge	Schraubenzieher	Zange	Zunge
bohren	sägen	schrauben	messen	feiern
Fernseher	Turm	Telefon	Radio	Handy
Bügeleisen	Mikrowelle	Nähmaschine	Rasenmäher	Pappe
Computer	Monat	Drucker	Maus	Bildschirm
Bücher	Comic	Zeitung	Magazin	Salz

Kreuze an.

☐ Der Hammer ist alt.

☐ Der Hammer ist alle.

☐ Ich lese den Comic.

☐ Ich lose den Comic.

☐ Das Kabel ist lang.

☐ Das Kabel ist krank.

☐ Der Drücker ist laut.

☐ Der Drucker ist laut.

☐ Der Computer ist auch.

☐ Der Computer ist aus.

☐ Die Säge ist schlaff.

☐ Die Säge ist scharf.

Suche und kreuze an. Male dann im Bild an.

- ☐ **Oma** ist im Büro.
- ☐ Der **Drucker** ist schwarz.
- ☐ Das **Telefon** ist blau.
- ☐ Der **Tacker** ist rot.
- ☐ Oma sucht den **Locher**.
- ☐ Er liegt neben dem **Wörterbuch**.
- ☐ Die **Katze** will mit der **Computermaus** spielen.
- ☐ Der **Computer** und der **Bildschirm** sind eingeschaltet.

Kreuze an.

- [ ] Ein Junge sitzt auf der Schaufel.
- [ ] Ein Junge sitzt auf der Schaukel.

- [ ] Zwei Kinder sind auf der Treppe.
- [ ] Zwei Kinder sind auf der Wippe.

- [ ] Es gibt eine blaue Rutsche.
- [ ] Es gibt eine graue Rutsche.

- [ ] Ein Kind klettert auf den Baum.
- [ ] Ein Kind klettert auf den Turm.

Welches Wort passt nicht? Streiche durch.

Niko und Max gehen gemeinsam in eine | Klasse | Kasse |.

Die beiden Jungen sind beste | Freude | Freunde |.

Nach der | Schale | Schule | machen sie ihre Hausaufgaben.

Danach | treffen | rennen | sie sich auf dem Spielplatz.

Niko und Max haben nur selten | Streit | Stein |.

Sie spielen und | machen | lachen | gern zusammen.

Das macht | Spaß | Spatz |.

Ja oder nein? Kreuze an.

Alle Familien sind gleich.	ja ☐	nein ☐
Es gibt große und kleine Familien.	ja ☐	nein ☐
Eltern sind jünger als ihre Kinder.	ja ☐	nein ☐
Opa und Oma nennt man auch Großeltern.	ja ☐	nein ☐
Onkel und Tanten gehören auch zur Familie.	ja ☐	nein ☐
Der Papa von meiner Mutter ist mein Opa.	ja ☐	nein ☐

Ordne die Bilder zu.

1 Jonas und sein Vater waschen die Wäsche.

2 Oma liest Jonas ein Geschichte vor.

3 Jonas spielt mit seiner kleinen Schwester.

4 Jonas räumt fleißig sein Zimmer auf.

Verbinde.

Der Bus	ist grün.
Der Lastwagen	ist gelb.
Der Traktor	ist rot.

Das Dreirad	hat zwei Räder.
Das Motorrad	hat vier Räder.
Das Auto	hat drei Räder.

Fußgänger	fahren auf dem Radweg.
Fahrräder	laufen auf dem Gehweg.
Züge	fahren auf Schienen.

Male.

Zwei Fußgänger warten
an der roten Ampel.
Da fährt ein blaues Auto.
Es hat schwarze Reifen.

Das Fahrrad ist gelb.
Die Fahrradfahrerin trägt
einen roten Helm.
Der Korb am Lenker ist braun.

Was ist es? Kreuze an.

Das Verkehrsschild ist blau und weiß.

Es bedeutet: Der Weg ist für Fußgänger.

Das Schild ist rund.

Auf dem Schild ist kein Fahrrad.

Das Verkehrszeichen ist rot und weiß.

Es bedeutet: Anhalten!

Das Schild ist nicht rund.

Es ist ein Achteck.

Wohin geht Emma? Zeichne ihren Weg in der Karte ein.

- [x] Emma läuft geradeaus zur Bäckerei.
- [ ] Dann geht sie über den Zebrastreifen.
- [ ] Emma nimmt den Weg durch den Park.
- [ ] Emma läuft über eine kleine Brücke.
- [ ] Am Spielplatz trifft sie ihre Freundin Lea.

Welcher Monat ist es? Kreuze an.

Der Monatsname hat drei Silben.

Oft ist es in diesem Monat sehr kalt.

Es ist der erste Monat im Jahr.

- [ ] Januar 

- [ ] Februar 

- [ ] März 

Der erste Tag des Monats ist ein Feiertag.

Ein Käfer hat den Monat in seinen Namen.

Der Monatsname hat nur drei Buchstaben.

- [ ] April 

- [ ] Mai 

- [ ] Juni 

Welcher Monat ist es? Kreuze an.

Es sind Sommerferien.	☐ Juli 
Der Monatsname hat zwei Silben.	☐ August 
Sein Name endet auf einem Selbstlaut.	☐ September 

Der Winter fängt an.	☐ Oktober 
Viele Menschen feiern Weihnachten.	☐ November 
Es ist der letzte Monat des Jahres.	☐ Dezember 

Welches Wort passt nicht? Streiche durch.

Ein Jahr hat zwölf | Monate | Montage |.

Es gibt vier | Jahrmärkte | Jahreszeiten |.

Im Frühling fängt alles an zu | bluten | blühen |.

Im Sommer ist es warm und es gibt | Ferien | Figuren |.

Im Herbst fallen die | Blätter | Betten | von den Bäumen.

Im Winter kann es | schneien | schreien |.

Ordne die Bilder zu.

1 Amseln brüten
in unserer Hecke.

2 Im Sommer brauchen
die Tiere Wasser.

3 Die Amseln suchen
Käfer im Laub.

4 Im Winter geben
wir Futter.

Male.

○ Die Sonne scheint.

○ Rico hat eine rote Mütze auf.

○ Sein Handtuch ist blau und grün.

○ Er isst ein Schoko-Eis.

○ Am Baum hängen rote Kirschen.

○ Ein Vogel fliegt vorbei.

Schreibe.

steigen. Wir lassen Drachen

ein bauen Wir Iglu.

Wir Tulpen. pflücken rosa

Kreuze an.

☐ Wir feiern Einschulung.

☐ Wir feilen Einschulung.

☐ Es gibt eine Schultüte.

☐ Es gibt eine Tröte.

☐ Orang-Utans sind da.

☐ Oma und Opa sind da.

☐ Alle gehen in den Hafen.

☐ Alle gehen in die Halle.

☐ Alle springen Lieder.

☐ Alle singen Lieder.

☐ Ich bin ein Schulkind.

☐ Ich bin ein Schulrind.

Verbinde.

Am Martinstag	ist schön gruselig.
An Erntedank	ist ein Laternenfest.
Halloween	feiert man die Ernte.

Am Nikolaustag	endet das Jahr.
Weihnachten	ist ein Familienfest.
An Silvester	werden Stiefel gefüllt.

An Ostern	gibt es bunte Eier.
Der Maibaum	haben wir auch frei.
An Pfingsten	wird aufgestellt.

Lösungen

Lösungen, S. 3

Das ist ein Dino.
Dinos legen Eier.
Der Dino frisst Gras.
Die Dinos fliegen.
Der Dino hat Federn.
Dinos sind toll.

Lösungen, S. 4

Schwan	Uhu	~~Pfirsich~~	Rabe	Möwe
Bär	Wolf	Fuchs	Elch	~~Tisch~~
Qualle	~~Stein~~	Lachs	Seepferdchen	Hai
Löwe	Luchs	~~Luft~~	Jaguar	Tiger
~~Nudel~~	Nashorn	Giraffe	Elefant	Zebra
Ameise	Biene	Käfer	Raupe	~~Moos~~

Lösungen, S. 5

Das Känguru ist braun.
Der Eisbär ist weiß.
Der Papagei ist bunt.

Das Walross ist im Wasser.
Der Affe ist am Boden.
Die Eule ist in der Luft.

Der Pinguin ist ein Wasservogel.
Der Emu ist ein Laufvogel.
Das Zebra hat Hufe.

Lösungen, S. 6

Das Pferd ist braun.

Der Esel ist grau.

Es sind zwei Kühe.

Das Schwein ist rosa.

Das Huhn hat ein Ei.

Es sind zwei Ziegen

Lösungen, S. 7

① Bauer Axel füttert die Hühner.

② Axel melkt die Ziege.

③ Der Bauer bringt Stroh zu den Kühen.

④ Bauer Axel streichelt das Schwein.

Lösungen, S. 8

Jeder Mensch hat ein Haustier.	nein
Katzen fressen nur Gras.	nein
Hunde laufen oft an der Leine.	ja
Meerschweinchen können fliegen.	nein
Manche Fische leben im Aquarium.	ja

Lösungen, S. 9

Hubert ist mein Hamster.
Er läuft gerne in einem Rad.
Er frisst am liebsten Kräuter.

Lösungen, S. 10

Der Busch ist grün.
Das ist eine Birke.
Lisa pflückt Blumen.

Die Sonne scheint.
Die Wolke ist grau.
Das ist ein Kaktus.

Lösungen, S. 11

Baum	Blume	Gras	~~Haus~~	Busch
Rose	Krokus	~~Stift~~	Sonnenblume	Tulpe
Wüste	Wald	Wiese	Berge	~~Hose~~
Tanne	~~Mond~~	Eiche	Buche	Birke
Sonne	Wolke	~~Hund~~	Regen	Wind
See	Bach	Fluss	Meer	~~Garten~~

Lösungen, S. 12

Die Kinder spielen im Garten.
Sie entdecken einen grünen Käfer.
Die Kinder holen eine Lupe.

Lösungen, S. 13

① Mira füllt Erde in einen Blumentopf.

② Mira drückt die Samen mit dem Finger in die Erde.

③ Mira gießt die Pflanze jeden Tag.

④ Mira freut sich: Die Sonnenblume blüht.

Lösungen, S. 14

Blumen können blühen.	ja
Fische leben auf der Wiese.	nein
Auf der Wiese gibt es nur Bäume.	nein
Das Gänseblümchen ist ein Tier.	nein
Auf der Wiese wachsen viele Gräser.	ja
Der Löwenzahn ist eine Blume.	ja

Lösungen, S. 15

Es kann fliegen und es hat bunte Flügel:

☐  ☐  ☒  Schmetterling

Es kann kriechen und es hat sein Haus auf dem Rücken:

☐  ☐  ☒  Schnecke

Es kann krabbeln und es hat acht Beine:

☐  ☒  ☐  Spinne

Lösungen, S. 16

Die Eiche ist ein **Baum**.
Ein Baum hat Wurzeln, Blätter und **Äste**.
Im Wald wachsen verschiedene **Bäume**.
Der Förster kümmert sich um den **Wald**.
Im Wald leben viele wilde **Tiere**.
Der Wald ist wichtig für Tiere und **Menschen**.

Lösungen, S. 17

Die Tannenzapfen sind braun.
Die Steine sind grau.
Das Moos ist dunkelgrün.

Der Pilz in der Mitte ist rot.
Auf ihm sitzt eine Schnecke.
Die anderen Pilze sind gelb.

Lösungen, S. 18

Kuchen	Apfel	~~Auto~~	Nudel	Gurke
~~Zwiebel~~	Limo	Wasser	Saft	Tee
Karotte	~~Käse~~	Salat	Blumenkohl	Bohne
Banane	Pfirsich	Birne	Kirsche	~~Wurst~~
Schüssel	Tasse	~~Seife~~	Teller	Glas
Milch	Sahne	Butter	~~Reis~~	Joghurt

Lösungen, S. 19

Das Abendessen isst man morgens.	nein
Zitronen schmecken sauer.	ja
Kiwis und Orangen sind Früchte.	ja
Schokolade ist eine Süßigkeit.	ja
Äpfel und Pflaumen sind Gemüse.	nein
Käse macht man aus Milch.	ja

Lösungen, S. 20/21

Lösungen, S. 22

Einkaufsliste

- ☑ 1 Packung Mehl
- ☑ 2 Zitronen
- ☑ 4 Karotten
- ☑ 1 Liter Milch
- ☑ 2 Becher Joghurt
- ☑ 1 Schachtel Eier
- ☑ 3 Äpfel
- ○ ______

(individuelle Lösung)

Lösungen, S. 23

Das Essen kommt aus Italien.	☐ Pizza	
Du kannst es mit Tomatensoße essen.	☐ Pommes	
Es sind lange, dünne Nudeln.	☒ Spaghetti	
Es schmeckt süß und lecker.	☐ Pudding	
An Geburtstagen gibt es das oft.	☒ Kuchen	
Den Teig muss man im Ofen backen.	☐ Eis	

Lösungen, S. 24

Hammer	Säge	Schraubenzieher	Zange	~~Zunge~~
bohren	sägen	schrauben	messen	~~feiern~~
Fernseher	~~Turm~~	Telefon	Radio	Handy
Bügeleisen	Mikrowelle	Nähmaschine	Rasenmäher	~~Pappe~~
Computer	~~Monat~~	Drucker	Maus	Bildschirm
Bücher	Comic	Zeitung	Magazin	~~Salz~~

Lösungen, S. 25

Der Hammer ist alt.
Das Kabel ist lang.
Der Computer ist aus.

Ich lese den Comic.
Der Drucker ist laut.
Die Säge ist scharf.

Lösungen, S. 26/27

Lösungen, S. 28

Ein Junge sitzt auf der Schaukel.
Zwei Kinder sind auf der Wippe.
Es gibt eine blaue Rutsche.
Ein Kind klettert auf den Turm.

Lösungen, S. 29

Niko und Max gehen gemeinsam in eine **Klasse**.
Die beiden Jungen sind beste **Freunde**.
Nach der **Schule** machen sie ihre Hausaufgaben.
Danach **treffen** sie sich auf dem Spielplatz.
Niko und Max haben nur selten **Streit**.
Sie spielen und **lachen** gern zusammen.
Das macht **Spaß**.

Lösungen, S. 30

Alle Familien sind gleich	nein
Es gibt große und kleine Familien.	ja
Eltern sind jünger als ihre Kinder.	nein
Oma und Opa nennt man auch Großeltern.	ja
Onkel und Tanten gehören auch zur Familie.	ja
Der Papa von meiner Mutter ist mein Opa.	ja

Lösungen, S. 31

① Jonas und sein Vater waschen die Wäsche.

② Oma liest Jonas eine Geschichte vor.

③ Jonas spielt mit seiner kleinen Schwester.

④ Jonas räumt fleißig sein Zimmer auf.

Lösungen, S. 32

Der Bus ist gelb.
Der Lastwagen ist grün.
Der Traktor ist rot.

Das Dreirad hat drei Räder.
Das Motorrad hat zwei Räder.
Das Auto hat vier Räder.

Fußgänger laufen auf dem Gehweg.
Fahrräder fahren auf dem Radweg.
Züge fahren auf Schienen.

Lösungen, S. 33

Zwei Fußgänger warten an der roten Ampel.
Da fährt ein blaues Auto.
Es hat schwarze Reifen.

Das Fahrrad ist gelb.
Die Fahrradfahrerin trägt einen roten Helm.
Der Korb am Lenker ist braun.

Lösungen, S. 34

Das Verkehrsschild ist blau und weiß.
Es bedeutet: Der Weg ist für Fußgänger.
Das Schild ist rund.
Auf dem Schild ist kein Fahrrad.

- [x]
- [ ]
- [ ]

Das Verkehrszeichen ist rot und weiß.
Es bedeutet: Anhalten!
Das Schild ist nicht rund.
Es ist ein Achteck.

- [ ]
- [ ]
- [x]

Lösungen, S. 35

- ✓ Emma läuft geradeaus zur Bäckerei.
- ✓ Dann geht sie über den Zebrastreifen.
- ✓ Emma nimmt den Weg durch den Park.
- ✓ Emma läuft über eine kleine Brücke.
- ✓ Am Spielplatz trifft sie ihre Freundin Lea.